LES DUCS

DE

MONTPENSIER

PAR

GABRIEL DEPEYRE

PARIS

H. CHAMPION, LIBRAIRE

9, QUAI VOLTAIRE, 9

—

1891

LES DUCS DE MONTPENSIER

LES DUCS

DE

MONTPENSIER

PAR

GABRIEL DEPEYRE

PARIS

H. CHAMPION, LIBRAIRE

9, QUAI VOLTAIRE, 9

—

1891

À Madame
la Comtesse de Paris

Madame,

La haute bienveillance dont
Vous avez daigné me donner déjà

de précieuses marques me fait espérer que Vous voudriez bien agréer l'hommage de ce modeste travail.

Il m'a semblé que sur la première de ces pages devait figurer le nom de l'Auguste Princesse qui est à la fois la fille et la mère d'un Duc de Montpensier; et que le sujet de cette étude Lui étant doublement cher, Elle pardonnerait à l'auteur tout ce que son œuvre peut avoir d'insuffisant.

En agréant cette humble dédicace, et en accordant à mon travail

Votre Royal Patronage, Vous répondrez au bien vif désir de celui qui est, avec le plus profond respect,

Madame,

Votre très obéissant et très dévoué serviteur

Gabriel Depeyre.

LES DUCS DE MONTPENSIER

Viva la fama de Borbon!

L y a un an, le prince Antoine-Marie-Philippe-Louis d'Orléans mourait à San Lucar. Il avait été, à sa naissance, titré duc de Montpensier.

Monseigneur le comte de Paris a décidé que ce titre serait désormais porté par son second fils, S. A. R. le prince François-Ferdinand, né au château d'Eu, le 9 septembre 1884 ; et il a voulu que le nouveau duc de Montpensier relevât les armes qu'illustrèrent aux siècles passés les ducs de Montpensier-Bourbon : *de France, au bâton de gueules péri en bande, chargé en chef d'un croissant d'argent.*

De tous les titres dont sont aujourd'hui investis les Princes de France, celui de Montpensier est le plus ancien dans la Maison de Bourbon [1] ; il n'est pas l'un des moins glorieux.

C'est au commencement du treizième siècle que ce nom apparaît pour la première fois dans l'histoire : Louis VIII meurt au

---

1. Cela doit s'entendre de la Maison de Bourbon considérée comme une branche distincte de la Maison Royale de France. — Si l'on prend au contraire la Maison de France dans son ensemble, en y comprenant toutes les branches qui en sont issues, le duché de Montpensier ne vient qu'après le comté de Paris, le duché d'Orléans et le duché d'Alençon qui lui sont de beaucoup antérieurs.

château de Montpensier (1226). La seigneurie de Montpensier, située à quatre lieues de Riom, appartenait alors à la famille de Beaujeu, l'une des plus considérables de l'Auvergne, et son château avait une importance proportionnée à la situation des châtelains. C'était le moment où Philippe-Auguste venait de réunir à la Couronne le duché d'Auvergne. Montpensier était compris dans la partie réunie : les Beaujeu servirent toujours le roi avec vaillance, et leur rôle ne fut pas sans éclat. Quand, à la fin de la guerre des Albigeois, Louis VIII, — ce roi qui, placé entre Philippe-Auguste et saint Louis, a laissé un renom de vertu et de grand courage, — marcha contre Raymond VII, il avait un Beaujeu pour sénéchal ; et c'est à ce sénéchal qu'il confia le soin de terminer la campagne, lorsque après avoir pris Avignon et essayé vainement de conquérir Toulouse, il dut revenir vers sa

capitale. La présence du sire de Montpensier
auprès du roi de France suffit à expliquer
comment celui-ci avait songé à traverser
l'Auvergne pour aller de Toulouse à Paris.

Le dernier châtelain de Montpensier de la
Maison de Beaujeu fut Humbert, connétable
sous Philippe III. C'est lui qui conduisit l'armée française au-delà des Pyrénées, lors de
ces démêlés qui devaient aboutir à une première réunion des deux couronnes de France
et de Navarre.

Humbert de Beaujeu n'eut qu'une fille,
Jeanne, son unique héritière, qui épousa
Jean, sixième comte de Dreux (1293).

La seigneurie de Montpensier entrait ainsi
dans la famille royale ; mais un siècle devait passer encore avant que la gloire s'at-
tachât à son nom. Si la Maison de Dreux,
issue de Louis VI, a vu naître des héros lé-
gendaires, comme ce Philippe, qui se distin-
guait dès l'âge de treize ans au siège de

Saint-Jean d'Acre, et qui, devenu évêque de Beauvais, ne put jamais se résoudre à quitter l'armure et obéissait, dit-on, à la défense de verser le sang que l'Église fait à ses prêtres, en marchant à l'ennemi, ainsi qu'à Bouvines et dans vingt autres batailles, armé seulement d'une énorme massue avec laquelle il assommait ses adversaires ; si la Maison de Dreux a produit des princes valeureux comme tous les Fils de France ; si elle a donné à la Bretagne une dynastie de ducs : tous ses princes s'illustrèrent sous d'autres noms que celui de Montpensier qui ne rappelait pour eux qu'un fief secondaire.

A peu près à l'époque où la branche aînée des comtes de Dreux s'éteignit, Jean de France, duc de Berry et duc d'Auvergne, acheta la seigneurie de Montpensier, tenté probablement par la situation du château, forteresse solidement établie dans le voisinage de la capitale de l'un de ses duchés et

dans la direction de la capitale de l'autre,
séduit aussi peut-être par sa position même
sur une éminence qui est entourée de deux
côtés par une très belle forêt, tandis que
d'un autre elle domine une plaine magnifique. Jean de Berry obtint l'érection en comté
de la seigneurie de Montpensier et ne né-
gligea rien pour développer la prospérité de
son nouveau fief. La ville d'Aigueperse, qui
en était le centre, fut l'objet de sa sollici-
tude ; de ce moment data pour elle une importance qui devait s'accroître encore lorsqu'elle devint le véritable chef-lieu d'un
duché héréditaire de la Maison de Bourbon.

Le duc de Berry était doué de qualités
éminentes, esprit éclairé, amateur passionné
de toutes les belles choses, collectionneur
insatiable, aimant les arts et sachant les pro-
téger. S'il eût vécu en des temps plus pai-
sibles, il serait sans contredit considéré
comme un grand prince. Mais, victime des

troubles et des événements malheureux au milieu desquels son existence s'écoula, il a été méconnu par la postérité ; et celui que ses contemporains appelèrent le *grand bâtisseur* est signalé à notre indignation pour sa rapacité et son avarice par la plupart des historiens qui oublient que la manie de la truelle et l'amour de l'argent ne sont pas compatibles, et qui ne savent pas qu'on ne peut encore aujourd'hui aller dans une ville du Berry ou de l'Auvergne, sans y trouver quelque édifice, église, palais de justice ou hôpital, construit par ses soins et à ses frais. Nous n'avons pas à examiner ici quelle part il prit au gouvernement du royaume pendant la minorité et la folie de Charles VI ; comment il administra le Languedoc ; quel rôle fut le sien et quelle influence il eut dans la direction générale des affaires ; avec quelle ardeur, après l'assassinat du duc d'Orléans, il soutint la cause des enfants de ce prince, qui était, contre le Bourguignon et l'Anglais, la cause de la justice et de la patrie. Sans doute, sa vie ne fut pas exempte de reproches et l'histoire doit formuler des réserves; mais le duc de Berry ne nous appartient que comme comte de Montpensier et il ne le fut que pendant peu de temps. En effet, mariant sa fille, Marie, à Jean, fils aîné du duc de Bourbon, il lui donna le comté pour dot (1400).

La Maison de Bourbon, quoique à peine séparée du tronc royal par quatre générations [1], avait déjà conquis une situation prépondérante dans le royaume, et elle la devait moins aux nombreuses possessions qu'elle avait pour la plupart acquises par des

1. Robert de France, comte de Clermont, sixième fils de saint Louis, fut le père de Louis Ier, premier duc de Bourbon; Louis Ier fut le père de Pierre Ier, deuxième duc de Bourbon, tué à la bataille de Poitiers; Pierre Ier fut le père de Louis II, troisième duc de Bourbon.

alliances, qu'à l'éclat des services que, depuis plus d'un siècle, tous ses membres n'avaient cessé de rendre à la Monarchie. A l'époque où nous sommes arrivés, ses branches collatérales s'appellent La Marche, Vendôme, Carency[1]; d'autres vont se former, dont la plus glorieuse serait celle de Montpensier, si celle de Condé n'était encore à naître.

Le chef de la famille est Louis II, troisième duc de Bourbon, prince magnifique autant que brave, dont toute la vie ne fut qu'un *long tissu de belles actions*. Il est l'ami et le compagnon de du Guesclin, et

1. La branche de la Marche avait pour auteur Jacques de Bourbon, comte de la Marche, fils puîné de Louis Ier, premier duc de Bourbon. Il fut tué à la bataille de Brignais, en même temps que son fils. — La branche de Vendôme remontait à Louis de Bourbon, comte de Vendôme, fils puîné de Jean Ier de Bourbon, comte de la Marche. C'est de la branche de Vendôme qu'est venu Henri IV. — La branche de Carency, dont le dernier représentant devait périr à Marignan, descendait aussi de Jean Ier, comte de la Marche, par Jean, son troisième fils.

quand il revient de Londres, où il a passé
sept ans en captivité comme otage pour le
roi Jean, il traque les Anglais en Poitou et
en Guienne et les chasse de l'Auvergne. Il
se couvre de gloire à la bataille de Rose-
becque, et se fait remarquer par sa sagesse
dans les conseils de régence du règne de
Charles VI. Lorsque la paix est rétablie, il
organise de ses deniers une croisade contre
les Sarrasins qu'il défait à Tunis, à Bougie,
à Tlemcen. Rentré dans son duché, il mé-
rite d'être surnommé *le Bon;* sa cour, à
Moulins, passe pour l'école de l'honneur,
de la courtoisie et de la bravoure ; et les
plus grands princes de la chrétienté ambi-
tionnent de recevoir le collier de l'Ordre de
l'Espérance qu'il a fondé sous le patronage
de la Vierge.

Le mariage de son fils Jean avec Marie
de Berry eut lieu à Paris. Le roi intervint
au contrat de mariage. Dans ce contrat il

fut établi, moyennant certaines compensa-
tions, que le duché de Bourbon, — qui
était entré dans la famille par le mariage
de Robert, fils de saint Louis, avec l'héritière de la baronnie de Bourbon [1], et qui,
par conséquent, lui appartenait en propre,
— cessait d'être fief héréditaire pour devenir
fief apanager, devant faire retour à la Couronne suivant la loi des apanages. Nous re-
trouverons plus loin les conséquences de
cette clause : Jean de Bourbon et sa femme

---

1. La famille de Bourbon remontait à Adhémar qui
vivait au dixième siècle. Plusieurs successeurs d'Adhémar
s'appelèrent Archambault, et ce nom fut ajouté à celui
de leur fief principal qui fut appelé et s'appelle encore
Bourbon-l'Archambault. Ce fut l'un d'eux qui fonda l'abbaye bénédictine de Souvigny. La baronnie de Bourbon
passa, par mariage, sous Philippe-Auguste, dans la
Maison de Dampierre, puis, aussi par mariage, dans la
Maison de Bourgogne, d'où vint Béatrix qui épousa
Robert de France, comte de Clermont, et lui porta Bourbon. — La baronnie de Bourbon fut ensuite érigée en
duché par le roi Charles IV en faveur du fils aîné de
Robert de Clermont. — Les documents les plus importants
à consulter sur ces origines sont *la Chronologie des sires
de Bourbon*, publiée par Chazaud, et aussi le *Cartulaire
de la Chapelle-Aude*, édité par le même.

ne pouvaient prévoir que cet arrangement serait un jour la cause d'une trop célèbre discorde entre deux de leurs descendants[1] et le fondement de la trahison de l'un d'eux.

Jean, duc de Bourbon à la mort de son père, comte de Montpensier du chef de sa femme, entra dans la vie aux jours les plus douloureux de notre histoire : la folie du roi, la rivalité des ducs de Bourgogne et d'Orléans, le parjure d'Isabeau de Bavière, livraient la France aux Anglais. Fidèle à l'honneur et aux traditions de sa race, Jean n'eut jamais de défaillance à ces heures désespérées. Toujours à la tête des Armagnacs, il fut le plus redoutable adversaire du duc de Bourgogne et lui enleva la ville de Soissons après un siège meurtrier. Pendant un

---

1. Le procès de François Ier et du connétable de Bourbon. François Ier descendait de Jean de Bourbon et de Marie de Berry par sa grand'mère maternelle, la duchesse de Savoie, née Marguerite de Bourbon, qui était leur petite-fille.

répit de la guerre étrangère, il délivra le
Midi des grandes compagnies qui s'étaient
reformées depuis Charles V. A Azincourt,
après des prodiges de valeur, moins heureux que son cousin Louis de Bourbon-
Préaux [1], qui se faisait tuer à ses côtés, il
tomba aux mains de l'ennemi. Jamais les
Anglais ne voulurent lui rendre la liberté,
et il mourut à Londres, prisonnier depuis
plus de dix-huit ans. Sa veuve ramena sa
dépouille au tombeau des ancêtres, à ce
prieuré de Souvigny [2] qui, par une sorte de

1. Ce prince appartenait à une branche de la Maison de
Bourbon issue de Jacques Ier, comte de la Marche, par
son troisième fils Jacques, seigneur de Préaux.

2. L'église de Souvigny, située à quatre lieues de Moulins, qui a survécu, à peu près intacte, au monastère, est
un des monuments les plus curieux de la France. Cons-
truite au douzième siècle, dans des proportions grandioses,
elle est du nombre, fort restreint, des églises qui ont deux
transepts. Parmi les tombeaux qu'elle renferme, ceux de
Louis, troisième duc de Bourbon, et d'Anne d'Auvergne,
sa femme, par Jean de Cambrai, et ceux de Charles, cinquième duc de Bourbon, et de sa femme, Agnès de Bourgogne, par Jacques Morel, sont d'une merveilleuse beauté
et resteront toujours comme d'admirables chefs-d'œuvre

miracle, a échappé aux profanations des révolutionnaires, et alla elle-même l'y rejoindre seize mois plus tard.

De leur mariage, trois enfants étaient nés qui atteignirent l'âge d'homme. L'aîné, Charles, continua la ligne des ducs de Bourbon ; le second mourut jeune sans postérité ; le troisième, Louis, eut en héritage le comté de Montpensier qui fut son fief principal.

Louis Ier de Bourbon, comte de Montpensier, est de cette catégorie d'hommes qui font peu de bruit et beaucoup de bien. Sa vie fut longue ; il sut noblement la remplir. Il combattit sous la bannière de Jeanne d'Arc ; il coopéra avec Charles VII à l'expulsion des Anglais ; il favorisa les réformes et les grandes fondations du roi victorieux.

---

de la sculpture française au moyen âge. M. Courajod les a décrits dans son étude sur les monuments de l'abbaye de Souvigny.

Louis XI, qui, dauphin, n'avait pu l'entraîner dans sa révolte, ne le trouva pas avec les princes qui se liguèrent contre lui. Montpensier vivait surtout au fond de son Auvergne, au milieu de ses vassaux, gouvernant ses domaines, veillant par lui-même à leur bonne administration, édifiant à Aigueperse une Sainte-Chapelle destinée à abriter ses cendres et celles de ses descendants, bien digne lui aussi de la qualification de *Bon* que ses sujets lui donnèrent.

Son fils[1], Gilbert, servit Louis XI avec distinction ; il fut toujours, comme son père, le soutien de l'État. Les Montpensier n'avaient jamais cessé d'entretenir les meilleures relations de voisinage et de parenté avec la cour de Moulins. La duchesse de Bourbon, Anne,

---

1, Louis, comte de Montpensier, avait eu quatre enfants : 1° Gilbert ; 2° Jean, mort jeune ; 3° Gabrielle, mariée à Louis de la Trémoille ; 4° Charlotte, mariée à Wolfart de Barselle, comte de Grandpré, maréchal de France.

eut en eux, pendant sa régence, de fidèles
appuis, et les récompensa par les faveurs
royales. Gilbert fut gouverneur de Paris. Il
avait épousé Claire de Gonzague, fille du
marquis de Mantoue ; et s'il applaudit aux
projets de Charles VIII sur l'Italie, il eut
le regret de voir rester infructueuses les
pressantes démarches qu'il fit, secondé par
sa femme, pour détacher son beau-frère,
François de Gonzague, du parti de Venise
qui l'avait mis à la tête de son armée. Quand
le roi fit cette prodigieuse campagne, qui
ressembla bien plus à une marche triom-
phale qu'à une expédition guerrière, Montpensier était capitaine général : il conduisit
l'armée française de victoire en victoire, et
il eut sa part des ovations que les Napolitains prodiguèrent aux Français vainqueurs.
On sait comment une coalition formée entre
les princes italiens, Venise, l'empereur et
Ferdinand d'Aragon, força Charles VIII à

abandonner sa conquête, et comment ce
prince, pour rentrer en France, dut passer,
à Fornoue, sur le ventre des confédérés.
Montpensier resta à Naples avec les titres
d'archiduc et de vice-roi. Mais les troupes
qu'on put lui laisser étaient peu nombreuses;
les Napolitains, toujours partisans du prince
qu'ils n'ont plus, se soulevèrent; Ferdinand
sortit de sa retraite : les Français, cernés
de toutes parts, sans aucun espoir de secours, durent mettre bas les armes à Atella.
Ferdinand ne voulut pas leur rendre la liberté ; et, par une cruauté inqualifiable, il
les interna, au plus fort de l'été, au milieu
des marais qui séparaient alors Pouzzoles
de Baïa. François de Gonzague, le vaincu
de Fornoue, était accouru après sa défaite
auprès de Ferdinand : il offrit à son beau-
frère de le faire évader. Mais Gilbert de
Montpensier, — à qui Commines reproche
d'avoir parfois trop aimé le bien-être, — re-

fusa d'abandonner ses malheureux soldats et
de séparer son sort de leur sort; les fièvres
pestilentielles commencèrent bientôt leurs
ravages : il en fut une des premières vic-
times, et mourut dignement en fils de saint
Louis.

Il laissait trois fils et trois filles[1]. Les fils
furent : Louis, qui hérita du comté de Montpensier; Charles, qui devait être tristement
célèbre; François, qui eut le comté de Cha-
tellerault[2].

Louis II de Montpensier n'avait que treize
ans au moment de la mort de son père. Il
ne lui survécut guère; et il occuperait une
bien petite place dans l'histoire, sans les
circonstances touchantes de sa mort. Cinq

1. Ces filles étaient : 1º Louise, mariée à Louis de
Bourbon, prince de la Roche-sur-Yon ; 2º Renée, mariée
à Antoine, duc de Lorraine et de Bar ; 3º Anne, morte
sans alliance.
2. Le comté de Châtellerault avait été acquis par Gilbert de Montpensier peu de temps avant sa mort.

ans plus tard en effet, Louis XII faisait sa première expédition contre le Milanais. Le jeune comte de Montpensier voulut en être, et il se signala par son intrépidité. Mais l'Italie lui rappelait qu'il avait des devoirs à remplir envers de chères dépouilles qui reposaient encore à Pouzzoles, loin de tous les siens. Il se rendit à Naples pour procéder à leur exhumation : quand il vit le cercueil de son père, il éprouva une telle émotion qu'il tomba foudroyé.

Le comté de Montpensier passa alors à son frère Charles.

Comte de Montpensier, Charles devint peu après chef de la Maison de Bourbon par la mort de Pierre II, huitième duc de Bourbon, décédé sans enfants mâles. — De son union avec Anne, fille de Louis XI, Pierre II n'avait eu qu'une fille, Suzanne, et elle était chétive, malingre, tellement contrefaite, qu'on la considérait comme incapable de ma-

ternité. Malgré tout, Charles de Montpensier
consentit à la prendre pour femme ; c'est
qu'elle était une opulente héritière, et par
elle il devenait duc de Bourbon, duc d'Auvergne, seigneur d'un nombre considérable
de fiefs qui, joints à ses biens patrimoniaux,
le rendaient presque aussi riche que le roi.
Dès son mariage, il s'établit à Moulins et
prit le titre de duc de Bourbon. — C'est sous
ce nom que l'histoire le connaît. — Certes,
par ses rares qualités, par ses talents
d'homme de guerre, par sa fière mine, il était
digne de marcher à la tête de cette race incomparable ; mais il eut une ambition sans
mesure, et cette ambition fit de lui un grand
criminel.

Gênes, où il combattit à côté de Bayard,
vit ses débuts dans la carrière des armes ;
Agnadel en fut une étape ; Marignan en
marqua l'apogée. Ses vertus militaires l'a-
vaient rendu l'idole du soldat ; sa magnifi-

cence, le grand état qu'il menait, l'éclat de
sa cour de Moulins lui avaient gagné une
véritable popularité. Ami de François Iᵉʳ,
il reçut de lui l'épée de connétable, le gouvernement du Languedoc, la vice-royauté
du Milanais ; il vit deux fiefs de sa famille
érigés par lui en duchés : Châtellerault
pour son frère François, Vendôme pour son
cousin Charles. Tant d'honneurs et tant de
gloire ne purent cependant apaiser ses dé-
sirs effrénés de grandeur.

En prenant le titre de duc de Bourbon,
Charles de Montpensier savait bien que le
duché, fief apanager en vertu du contrat de
mariage de Jean de Bourbon et de Marie
de Berry, ferait retour à la Couronne à la
mort de sa femme Suzanne, et quand l'événement arriva, il n'était pas fondé à s'étonner et à se plaindre. Ce fut là pourtant le
prétexte du mécontentement précurseur de
sa trahison ; ce n'en fut pas la cause :

lorsque François Ier dut faire établir par
justice les droits de la Couronne sur le duché de Bourbon, en promettant d'ailleurs à
Charles de lui en laisser l'usufruit, Charles,
hanté par ses rêves de royauté, avait déjà
noué avec Charles-Quint et le roi d'Angleterre ces négociations détestables qui devaient, dans son imagination, lui assurer un
trône par le démembrement de sa patrie.

Un jour vint où, caché sous un déguise-
ment vulgaire, le Connétable s'enfuit du
royaume, comme un malfaiteur s'évade d'une
prison. Laissons-le seul porter chez l'empereur son épée déshonorée et commander
ces armées qu'autrefois il a vaincues. Bientôt, repoussé par son nouveau maître, aban-
donné de tous, il se fit chef de condottière,
et, révolté contre Dieu comme il l'était
contre le roi, il mena ses bandes à l'assaut
de Rome. Là s'arrêta son orageuse carrière,
brisée par un coup d'arquebuse que Benve-

nuto Cellini se vanta d'avoir tiré. Longtemps
son souvenir vécut chez cette soldatesque
que vivant il avait fanatisée ; et les bandes,
que l'Italie du seizième siècle vit se former
en si grand nombre, eurent un chant guer-
rier dont il était le héros et dont Brantôme
nous a conservé le refrain.

Charles de Bourbon ne laissait pas d'enfants. Avec lui finit la première Maison de
Montpensier.

Le Connétable a eu cette bonne fortune
que sa félonie atteignit l'un des princes les
plus généreux qui fut jamais et qu'elle se
produisit à une heure voisine de celle où
les Bourbons arrivèrent au trône. Fran-
çois Ier, *gentil prince qui toujours était plus
enclin à miséricorde qu'à vengeance*, blessé
aussi cruellement comme ami que comme
roi, voulut oublier, et jamais il ne permit
qu'on parlât devant lui du malheureux Connétable. Il maintint les droits de la Cou-

ronne; mais il ne voulut pas que la faute
de Bourbon rejaillît sur d'autres que son auteur. Il ne songea pas à faire publier un récit authentique de cette lamentable affaire,
— il pouvait à bon droit le croire inutile; —
et il n'inquiéta d'aucune sorte les familles de
ceux qui avaient aidé Charles dans sa trahison. Deux hommes surtout avaient eu
part à la fuite du Connétable, son secrétaire
Marillac, et son médecin, l'Hôpital : le fils
du médecin put aspirer à la faveur royale
et s'élever jusqu'à la dignité de chancelier
qu'il illustra par son caractère, ses vertus
et son savoir; le fils du secrétaire fut archevêque de Vienne et se distingua dans
diverses ambassades, en attendant que ses
neveux devinssent, sous Louis XIII, l'un
garde des sceaux et l'autre Maréchal [1].

---

1. Un frère de l'Archevêque de Vienne fut François de
Marillac, avocat au Parlement de Paris, qui défendit
Louis de Bourbon, premier prince de Condé, lorsque

Les historiens n'ont pas assez remarqué
combien de gens furent intéressés à atté-
nuer les torts du Connétable ; et s'ils ne
vont pas jusqu'à ratifier sa réhabilitation,
obtenue, quarante ans après sa mort, par
le duc de Montpensier que nous trouverons
plus loin et grâce au crédit de plus en plus
grandissant des Bourbons, ils se font du
moins les échos des accusations portées
dans ce but contre François Ier. Les premières relations complètes de la vie et de
la défection du Connétable furent faites,
après la mort du dernier descendant de
François Ier, par des écrivains aux gages
des Montpensier[1], moins soucieux de la vé-

François II, sous la pression des Guises, traduisit ce
prince devant son conseil comme fauteur de troubles et
complice du *tumulte* d'Amboise.

1. En 1605, Antoine de Laval, géographe du roi, capitaine de son château de Moulins en Bourbonnais, sous le
titre de : *Desseins de professions nobles et publiques
avec l'histoire de la Maison de Bourbon*, publie et com-
plète un manuscrit de Marillac qui était conservé dans la
Maison de Montpensier. Ce n'est là qu'une suite d'*on-dit*

rité que jaloux de plaire aux rois sortis de
la Maison de Bourbon. Dans tous ces écrits,
François Ier est violemment attaqué. La
plupart des historiens se sont jusqu'ici ins-
pirés de ces récits, et aucun d'eux n'a
cherché à en contrôler les assertions. On
dit que le Connétable fut poussé à bout par
l'ingratitude royale, par les vexations de la
Cour, par les embarras financiers qui lui
furent suscités ; on accuse la haine de la
mère de François Ier, Louise de Savoie,

douteux. Laval dédie son livre à Henri IV et, dans sa
dédicace, il représente à ce prince qu'il importe que
« *l'histoire de la royale Maison de Bourbon et particu-*
lièrement celle du grand Charles, dernier duc, soit sue
de tout le monde. Les miens et moi, — ajoute-t-il, —
avons pris si longue nourriture en cette maison, que je
m'estimerais indigne de cet honneur, si je ne m'étais
étudié d'en apprendre le lustre..... » — Au dix-huitième
siècle, Désormeaux, historiographe de Louis XV, publie
une histoire de la Maison de Bourbon en cinq gros vo-
lumes. Pour le Connétable, il suit pas à pas la relation
de Marillac. Sous sa plume, la flatterie dépasse toute mesure, et son admiration pour Charles de Bourbon est
tellement enthousiaste qu'il nous le représente comme un
nouvel Hippolyte, absolument insensible à l'amour.

qui, ne pardonnant pas à Charles d'avoir, devenu veuf, repoussé son amour, aurait excité le roi à le dépouiller.

On oublie, pour parler ainsi, de quelles faveurs Charles n'avait cessé d'être l'objet ; on ignore qu'il avait vingt millions de revenus qu'il toucha toujours jusqu'à sa fuite ; on ne réfléchit pas que si, pour avoir le duché de Bourbon, Charles de Montpensier avait épousé une femme absolument difforme, il aurait bien consenti, pour le conserver, à s'unir à une princesse dont tous les contemporains ont vanté l'esprit et la beauté ; et, pour adresser à la mémoire de Louise de Savoie les plus calomnieux outrages, on ne songe pas que son amour pour le Connétable, — dont Brantôme lui-même, si friand d'anecdotes de ce genre, ne dit pas le moindre mot, — a été raconté pour la première fois dans un factum publié à l'étranger, par un auteur d'assez mince importance [1], longtemps après l'événement. La critique historique va plus loin encore : tandis qu'elle est si sévère pour Louise de Savoie, elle ne tient pas rigueur à Anne, duchesse douairière de Bourbon, des mauvais conseils qu'elle donna à son gendre. Pour la première, la sagesse et l'habileté de son gouvernement pendant les absences de François Ier sont presque pas-

1. Robert Macquériau, *Traité et recueil de la Maison de Bourgogne, en forme de chronique, lequel commence à la nativité de Charles V, empereur des Romains, contenant l'espace de vingt-sept années.* Le sieur Macquériau, qui donne comme une conjecture populaire que Louise de Savoie était follement amoureuse du Connétable, était un domestique de la Maison de Croy : il entreprit de faire le panégyrique de Charles-Quint et il était si bien au courant des événements que, dans son récit, il omet absolument la bataille de Marignan. Son invention a cependant fait fortune. Elle a été accueillie avec empressement par tous les écrivains qui voulaient faire la cour aux Montpensier et aux rois issus de Bourbon, et qui n'ont pas pris garde sans doute que Louise de Savoie était l'arrière-grand'mère d'Henri IV. Presque tous les historiens modernes ont reproduit cette assertion, et fort rares sont ceux qui en ont reconnu la fausseté. Parmi ces derniers il faut citer M. Paulin Paris, dans son *Étude sur François Ier*, et M. Chantelauze qui pourtant plaide la cause du Connétable.

sées sous silence ; pour la seconde, au contraire, on ne se rappelle que le rôle grand et glorieux qu'elle joua durant le règne de son frère Charles VIII, et on laisse dans l'ombre ce caractère altier, cet esprit astucieux, cette ambition jalouse qui firent tant de malheureux autour d'elle.

Qu'importe d'ailleurs que Charles de Bourbon ait été plus ou moins coupable : pour sa condamnation, il suffit qu'il l'ait été.

Qu'importe aussi que la Maison de Bourbon ait connu une pareille défaillance : elle a assez de gloire pour n'avoir pas à en rougir ; et, si la honte en eût pu l'atteindre, cette honte serait lavée par le sang que tant de princes versèrent en prodigues sur tous ces champs de bataille où la fortune et la grandeur de la patrie se sont fondées. Au moment où le Connétable passe à l'étranger et succombe, son frère François, duc de Châtellerault, et son cousin, Bertrand de Bourbon, viennent de périr à Marignan ; Antoine de Bourbon[1], qui tombera sous les murs de Rouen, et Jean de Bourbon, qui se fera tuer à la journée de Saint-Quentin, arrivent à la jeunesse; François de Bourbon, qui gagnera la victoire de Cerisoles, et Louis de Bourbon, qui sera bientôt duc de Montpensier, sont enfants ; le nouveau chef que le droit d'aînesse donne à la Maison de Bourbon est Charles, duc de Vendôme, grand-père d'Henri IV, et dont le petit-fils n'eût pas désavoué la valeur.

Tous les biens du Connétable avaient été confisqués. Peu de temps après sa mort, François Ier rendit à ses sœurs, ses seules héritières, ceux dont la loi des apanages n'imposait pas le retour à la Couronne.

---

1. Antoine, Jean et François de Bourbon étaient frères, fils de Charles, duc de Vendôme. Antoine fut le père d'Henri IV.

La princesse Louise eut le comté de Montpensier. Elle avait épousé son cousin, Louis de Bourbon, prince de la Roche-sur-Yon. Le prince de la Roche-sur-Yon, cadet de la branche de Vendôme, joignait à la plus éclatante bravoure les talents d'un habile négociateur; il mourut au début du règne de François Ier, après avoir participé lui aussi à la victoire de Marignan. En donnant à sa veuve le comté de Montpensier, le roi l'érigea en duché en faveur de son fils aîné Louis [1].

Louis, premier duc de Montpensier, devait donner une illustration nouvelle à sa famille et à son nom.

Il fait ses premières armes pendant la campagne de Picardie, à la reprise des hos-

---

1. Les autres enfants du prince de la Roche-sur-Yon étaient : 1° Charles, prince de la Roche-sur-Yon. Ce prince mourut ayant perdu tous ses enfants et laissa sa fortune à son frère Montpensier. 2° Suzanne, mariée au comte de Rieux.

tilités qui suit de si près la paix de Cambrai, et se signale par son courage à l'assaut de Hesdin. Lorsque, quelques années plus tard, le Dauphin conduit une armée au siège de Perpignan, Montpensier commande sous ses ordres, et cette confraternité d'armes crée entre ces deux princes une amitié où chacun aura profit.

Bientôt le Dauphin est roi. Montpensier est l'un des plus dévoués serviteurs d'Henri II, tandis que sa femme, Jacqueline de Longwy, devient l'amie de Catherine de Médicis. Au siège de Boulogne, à la bataille de Renty, le duc se fait remarquer parmi les plus braves ; à Saint-Quentin, il est fait prisonnier. Il ne recouvre la liberté qu'à la signature de la paix, à Cateau-Cambrésis, et ne rentre en France que pour voir mourir Henri II.

Le coup de lance qui tua le roi fut funeste au royaume. Avec le règne éphémère de

François II, ces troubles commencent qui, pendant plus de trente ans, vont désoler la France et livrer le pouvoir à la dispute de grands factieux que l'ambition fait courir aux armes, et qui n'ont, quoi qu'ils en puissent dire, aucun souci des intérêts de la religion.

Pendant ces temps tourmentés, le duc de Montpensier s'honore par son inviolable attachement à la Couronne et par son intrépidité à la défendre. Il n'aime pas les huguenots, dont les excès l'exaspèrent et qui sont des rebelles autant que des ennemis de la foi ; il leur fait une rude guerre, et il leur porte en bataille de terribles coups. Mais, catholique sincère, il n'est pas non plus avec ces fanatiques qui, par leurs violences, nuisent toujours à leur cause, et parfois la déshonorent. Il est l'ennemi de Coligny, mais il n'est pas l'ami de Guise : royaliste, il sert la Monarchie, quel que soit le monarque et toujours avec un zèle égal,

Les protestants ont livré Rouen et Le Havre
aux Anglais. L'armée royale va reprendre
ces deux villes : Montpensier est au premier
rang. A Rouen, il voit un coup mortel
atteindre le chef de sa famille, Antoine de
Bourbon, duc de Vendôme, roi de Navarre,
premier prince du sang, lieutenant général
du Royaume. Au Havre, il a la joie de conduire son fils, le Prince-Dauphin[1], au baptême du feu, et la précoce valeur du jeune
prince excite en son âme un légitime orgueil.

Chef du Conseil sous Charles IX, jusqu'à
la retraite de Michel de l'Hôpital, le duc
de Montpensier est souvent à la cour. Il accompagne le roi dans son grand voyage à

1. Ce titre venait du Dauphiné d'Auvergne. Le Dauphiné
d'Auvergne était entré dans la Maison de Bourbon par le
mariage de Louis Iᵉʳ, comte de Montpensier, avec Jeanne,
fille unique de Béraud III, comte de Clermont et Dauphins d'Auvergne. Les fils aînés des comtes de Montpensier avaient, du vivant de leurs pères, été titrés Comtes-
Dauphins.

travers le royaume, et il assiste à la fameuse
entrevue de Bayonne, où le duc d'Albe
trouve souvent en lui un contradicteur. C'est
à ce moment qu'aidé par le Chancelier, il
obtient la réhabilitation du Connétable.
C'est alors aussi que le roi va visiter son duché.

Lorsque les Consuls d'Aigueperse ap-
prennent la prochaine venue de Charles IX,
ils s'assemblent et délibèrent que : « la ville
« offrira en présent au roi quatre tonneaux
« de vin et deux douzaines de massepains[1];
« que les consuls iront au-devant de lui re-
« vêtus de leur meilleure robe noire, ac-
« compagnés des valets de ville, portant
« chacun une robe à la livrée de la ville,
« la tête couverte d'un bonnet rouge ; enfin
« qu'on blanchira les clefs de la ville et
« qu'on les présentera au roi attachées
« avec un cordon de soie de la couleur

---

1. Aigueperse est encore aujourd'hui célèbre par ses
massepains.

« du roi qui est blanc, bleu et incarnat. »

C'est que les habitants d'Aigueperse sont heureux de voir le roi et leur duc. Il y a longtemps que celui-ci n'a pas visité ses vassaux.* Il n'a pas encore résidé dans le château de son duché ; il ne doit même jamais s'y établir. Il a passé son enfance à Champigny[1], il y a vu les funérailles de son père ; et il a préféré y maintenir sa résidence après avoir reçu de François Ier le duché de Montpensier. Cela se comprend d'ailleurs : Champigny est au cœur de la riante Touraine, près de Paris et dans le voisinage des châteaux royaux. Puis les événements ont marché. La sédition est partout. Le duc a reçu de Charles IX et d'Henri III le gou-

1. La terre et le château de Champigny étaient entrés dans la Maison de Bourbon par le mariage de Jean II de Bourbon, comte de Vendôme, trisaïeul direct d'Henri IV, avec Isabelle, fille unique et héritière de Louis de Beauvau, seigneur de Champigny et de la Roche-sur-Yon. Le fils puîné de Jean, comte de Vendôme, fut le prince de la Roche-sur-Yon : il eut de sa mère Champigny et le transmit à son fils, Louis, duc de Montpensier,

vernement de l'Anjou, du Maine, de la
Bretagne, de la Touraine : à Champigny, il
peut aisément pourvoir à l'administration
des provinces confiées à sa garde ; ou bien,
lorsque les villes à réduire, les bandes à
disperser, les armées à vaincre, lui laissent
un peu de répit, il peut facilement aller y
goûter quelque repos.

Car la vie est dure alors pour qui a
l'honneur d'être prince du sang ; et si le
duc est souvent à la cour, plus souvent il
est en campagne, « le cul sur la selle et la
cuirasse sur le dos. » Il défait en Périgord
les bandes protestantes de d'Acier, ce cadet
de l'illustre Maison de Crussol qui a épousé
la fille de Galiot de Genouilhac et s'est fait
en Quercy un des chefs les plus ardents de
la Réforme. Il combat avec son fils à Jarnac
et à Moncontour. A Jarnac, lorsque au plus
fort de l'action, il apprend la mort de
Condé, il est vivement ému et verse des

larmes sur le triste sort de son malheureux cousin. A Moncontour, il commande l'avant-garde ; c'est lui qui engage l'action, et il le fait avec une impétuosité qui décide de l'issue de la bataille.

Montpensier est à Paris pour le mariage du roi de Navarre avec la charmante princesse Marguerite. Quelques jours après, c'est la Saint-Barthélemy : le duc refuse de s'associer aux projets de Médicis, et n'accepte pendant la nuit fatale d'autre mission que celle de veiller à la sûreté personnelle du roi.

C'est à cette époque qu'une cruelle douleur vient le frapper. Une de ses filles, la princesse Charlotte, est abbesse de Jouarre : après quatorze ans de vie religieuse, elle sort de son couvent, et laissant une déclaration écrite où elle affirme qu'on lui a imposé une vocation qu'elle n'avait pas, elle se réfugie en Hollande, embrasse le Calvi-

nisme et veut épouser Guillaume d'Orange.
Le Taciturne est déjà marié; mais sa
femme, Anne de Saxe, ne le gêne guère :
après avoir pris les conseils et reçu l'appro-
bation du Landgrave de Hesse, — un autre
apostat bien placé pour résoudre les cas
matrimoniaux [1], — il la fait emmurer et célèbre son union avec Charlotte de Montpensier en une cérémonie pompeuse, au temple
de Brielle, où l'épousée, semblant vouloir
jeter un nouveau défi au bon sens et à la
morale, ose apparaître avec son costume
d'abbesse, qu'elle continuera d'ailleurs à
porter longtemps [2].

1. Le Landgrave de Hesse était déjà marié quand il eut
fantaisie de prendre une autre femme. Pour mettre sa
conscience à l'abri de tout scrupule, il consulta des théo-
logiens; et l'on vit alors Luther, Mélanchthon et les plus illustres prédicants de la Réforme, donner à ce prince une
consultation longuement motivée qui décidait que « pour
certaines nécessités de corps et d'esprit, » il lui était per-
mis de garder deux femmes à la fois.
2. Le xvi⁰ siècle offre plus d'un exemple d'aberrations
de ce genre. Le plus célèbre est celui du frère de Coligny, le cardinal de Châtillon, prélat aux mœurs impures,

Le duc de Montpensier s'indigne ; il refuse de sanctionner cette union. Plus de
sept années s'écouleront avant qu'il la re-
connaisse ; et quand, sur les instances du
duc d'Alençon [1], qui ira, dans ce but, le
trouver à Champigny, il consentira à l'ap-
prouver, Anne de Saxe sera morte depuis
longtemps, la princesse Charlotte aura trois
filles, et lui-même, devenu vieux, songera à
régler les questions d'intérêt entre ses enfants.

Mais sa douleur ne lui fait pas oublier
son devoir. La dernière période de sa vie
arrive ; et si elle est la moins brillante
parce que les événements auxquels il prend

qui, après s'être fait calviniste, ne voulut jamais quitter
la robe de cardinal, et faisait appeler *Madame la Cardi-
nale* la femme avec laquelle il vivait.

1. François de France, dernier fils d'Henri II et de Catherine de Médicis, avait été, à sa naissance, apanagé du
duché d'Alençon. Après l'avènement d'Henri III, il reçut
le duché d'Anjou et en prit le titre. Nous le rencontrerons
plusieurs fois dans la suite de ce récit : nous le désigne-
rons toujours par le nom de duc d'Alençon, sous lequel
il est plus connu.

part sont moins retentissants, elle n'est pas la moins active.

Il assiste au premier siège de La Rochelle ; il pacifie tous les pays de son gouvernement et remet sous l'obéissance royale toutes les villes qui ont voulu s'en affranchir. Tantôt, il barre la route à La Noue qui veut, à la tête de l'armée protestante, traverser la Loire et marcher sur Paris ; tantôt il arrête le duc d'Alençon qui s'est échappé du Louvre, et il l'empêche d'aller porter à La Rochelle l'appui de la présence du frère du roi et le secours d'un petit esprit fécond en intrigues. Il opère entre ce prince et la reine-mère une réconciliation qui doit être, il est vrai, de courte durée, et il reçoit à Champigny, dans cette circonstance, la visite de Catherine de Médicis. Toujours prêt à se battre, il lutte sans trêve ni repos pour l'honneur de cette Couronne de France, dont il est le *naturel appui.*

Il travaille à la paix de Poitiers, — une
de ces paix que les partis semblent ne si-
gner alors que pour se préparer à les
rompre, — il en est un des principaux au-
teurs ; et il fera bientôt de vains efforts pour
la maintenir.

Enfin, il assiste aux États Généraux que
Henri III convoque à Blois pour la première
fois. Les élections qui ont eu lieu sous l'influence des Guises et de la Ligue naissante,
ont amené une majorité exaltée dont la vio-
lence dépasse toute prévision. Montpensier,
*ennemi de l'intrigue, de la perfidie et des
agitations inutiles,* fait les plus grands efforts
pour en modérer les entraînements, et, s'il
n'y réussit pas toujours, il est du moins
assez heureux pour empêcher que les réso-
lutions les plus extrêmes ne soient prises.

Ce fut là un des derniers services que
Louis de Bourbon, premier duc de Montpensier, rendit à la France et à la Monar-

chie. Il mourut bientôt après, emportant les
regrets de ses amis, l'estime de ses adversaires, les sympathies de tous les braves
gens. Il mérita le surnom de *Bon*, comme
tant d'autres de sa race ; et ce titre, dont
ses contemporains le saluèrent, est à son
honneur un témoignage d'autant plus écla-
tant qu'il était donné à un prince qui passa
presque toute sa vie à faire la guerre, et
qu'il lui était décerné à une époque profondément troublée, où toutes les passions jus-
tifiaient tous les attentats, où il suffisait de
manier vigoureusement l'épée pour mériter
tous les éloges, où le mépris de la mort
tenait lieu de toute vertu.

Le duc de Montpensier avait perdu sa
femme, Jacqueline de Longwy, après vingt-
cinq années d'une union qui avait été fé-
conde. Douze ans avant sa mort, il s'était
remarié avec Catherine de Lorraine, fille de
François de Guise, sœur du Balafré et du

duc de Mayenne ; et ce mariage n'avait pas d'ailleurs opéré de rapprochement entre lui et les princes lorrains. La seconde duchesse de Montpensier ne donna pas d'enfants à son mari. Devenue veuve, elle se jeta avec une folle ardeur dans le parti de ses frères, et se rendit célèbre par ses extravagances aux derniers jours de la Ligue. Ainsi que bien d'autres cependant, elle subit l'ascendant de Henri IV ; et lorsque à peine entré dans Paris depuis quelques heures, le roi alla la saluer avec cette courtoise galanterie qu'il eut toujours pour les femmes, elle ne put résister à la charmante bonne grâce d'un vainqueur aussi généreux : la veille, ennemie irréconciliable, elle donna à tous les siens, le lendemain du triomphe du Béarnais, les conseils et l'exemple d'une soumission désintéressée et du plus loyal attachement.

De son premier mariage, le duc de Montpensier avait eu cinq filles [1] et un fils, François, appelé le Prince-Dauphin, du vivant de son père.

Le Prince-Dauphin n'avait pas attendu d'être duc de Montpensier pour se dévouer à la cause royale : il suivit en tout les leçons de son père. Nous l'avons trouvé au Havre, à Jarnac, à Moncontour. Il est un des négociateurs du traité de Saint-Germain qui suit cette dernière victoire ; au moment de la mort de Charles IX, il prend hautement les intérêts de Henri III qui est encore en Pologne, et il pacifie le Vivarais qui s'est révolté ; aux États de Blois, il appuie les nobles efforts que tente son père pour la conciliation et l'apaisement.

1. Les filles de Louis de Montpensier furent : 1º Françoise, mariée au duc de Bouillon ; 2º Anne, mariée au duc de Nevers ; 3º Jeanne, abbesse de Sainte-Croix, puis de Jouarre, après la fuite de sa sœur ; 4º Charlotte, abbesse de Jouarre, puis princesse d'Orange ; 5º Louise, abbesse de Faremoutiers.

Le duc d'Alençon songe vers cette époque à devenir souverain des Pays-Bas et mari de la reine Élisabeth. Une ambassade extraordinaire est envoyée à Londres avec mandat et pouvoir de demander pour le frère du roi de France la main de la reine d'Angleterre. Le Prince-Dauphin est chargé de cette mission. Jamais envoyé plénipotentiaire ne fut environné d'autant de pompe, ni reçu avec plus d'apparat. François de Montpensier a une suite de cinq cents personnes et un cortège de huit cents chevaux; et, lorsqu'il débarque en Angleterre, il trouve la Cour qui vient à sa rencontre, il entre à Londres au bruit de l'artillerie et des cloches : il éprouve qu'Élisabeth veut plaire aux Français et les séduire. Élisabeth, qui tient de son père, Henri VIII, un inexorable égoïsme et une dureté de cœur qui va parfois jusqu'à la cruauté, est, comme Anne de Boleyn, sa mère, capricieuse et légère. Elle a du goût pour la France, ses artistes et ses poètes, pour ses fêtes et ses plaisirs ; elle veut montrer au Prince-Dauphin des solennités dignes du Louvre et des Valois : n'a-t-elle pas, — écrit l'ambassadeur d'Espagne à son maître Philippe II, — « invité tous les pairs à conduire leur « famille à Londres, et demandé aux mar- « chands de velours, de soie et de drap « d'or, d'en baisser le prix, afin qu'on puisse « en acheter davantage! » — Mais en dépit des plus hyperboliques discours, des tournois et des banquets, des bals et des *intermèdes,* rien n'est conclu et le Prince-Dauphin ne rapporte en France aucune promesse parce qu'il n'a voulu en donner aucune : la reine d'Angleterre voudrait avant tout que le roi de France déclarât la guerre au roi d'Espagne qui la menace; le roi de France ne s'en soucie pas, et, de son côté, il demande à Élisabeth, qui n'y tient pas davantage, d'aider le duc d'Alençon à conquérir les Pays-Bas. Ces prétentions s'excluaient; les contractants ne pouvaient s'entendre : le mariage ne se fit pas.

A peine rentré en France, le Prince-Dauphin reçoit l'ordre d'aller rejoindre le duc d'Alençon qui a pris le titre de duc de Brabant et marche vers la Flandre. Il lui conduit un corps de troupes de quinze enseignes; il ne doit plus le quitter jusqu'à la fin de la campagne. Il l'escorte au moment de cette belle entrée à Anvers qui doit avoir de si tristes lendemains; mais, dès ce jour, il a le regret de ne pas être écouté lorsqu'il veut donner un conseil, et il prévoit, non sans amertume, les funestes conséquences des mesures qu'il ne peut empêcher. Si ses sages avis avaient prévalu, l'expédition que dirigeait le triste frère d'Henri III aurait eu une autre fin qu'une retraite sans gloire; elle aurait produit d'autres résultats qu'une souveraineté nominale de quelques mois; elle compterait d'autres éphémérides que la Saint-Antoine, où le sang français coula sans honneur et sans profit.

Pendant que le Prince-Dauphin était dans les provinces flamandes, son père mourait à Champigny. François devenait duc de Montpensier; à son retour en France, il prend possession de l'héritage paternel. Il reçoit en même temps les témoignages de la satisfaction royale qui le vengent des mépris qu'il a endurés : Henri III érige pour lui en duché le comté de Saint-Fargeau[1],

1. C'est à Saint-Fargeau que Mlle de Montpensier, la Grande Mademoiselle, dut se retirer après son équipée de la Fronde; et, s'il faut l'en croire, le château était, à cette époque, quelque peu délabré : « J'arrivai à « Saint-Fargeau, — écrit-elle dans ses mémoires, — à deux « heures de nuit. Il fallut mettre pied à terre; le pont « était rompu. J'entrai dans une vieille maison où il n'y « avait ni porte ni fenêtres, et de l'herbe jusqu'aux « genoux, dans la cour : j'en eus grande horreur. L'on « me mena dans une vilaine chambre, où il y avait un « poteau au milieu. La peur, l'horreur et le chagrin « me saisirent à tel point que je me mis à pleurer... »

qui était dans la dot de sa femme, Renée
d'Anjou-Mézières, et il lui rend le duché de
Châtellerault, qui était conservé par la
Couronne depuis la défection du Connétable
de Bourbon.

A ces récompenses le duc de Montpensier répond par de nouveaux services. La
guerre recommence : c'est la guerre des
trois Henri. Montpensier parcourt la Touraine, l'Orléanais, la Normandie, dont il est
gouverneur, avec une ardeur que rien ne
lasse, un courage que rien n'émeut. Il est
avec Henri III lors de la solennelle réconciliation de ce prince avec le roi de Navarre ;
il accompagne les deux rois au siège de
Paris.

Cependant, en dépit de cette triste peinture et moyennant
quelques réparations, Mademoiselle put s'établir commo-
dément et faire, sans trop de désagrément, un assez long
séjour à Saint-Fargeau. — Le château de Saint-Fargeau
(situé dans le département de l'Yonne) devait sortir de
la Maison de Bourbon ; il appartint au célèbre conven-
tionnel Le Pelletier.

Quand le poignard de Jacques Clément a fait son œuvre, Montpensier, « qui aime la France et l'honneur, » salue dans Henri de Navarre le nouveau roi de France; et si comme Givry, il ne lui dit pas : « Sire, vous êtes le roi des braves ! » il est, plus que tout autre, digne de suivre son panache blanc. Dès lors, il est le compagnon d'Henri IV, et l'un de ses meilleurs lieutenants. Il entre à Dieppe avec lui ; plus heureux que le brave Crillon, il se bat à Arques à ses côtés ; à Ivry, il accomplit des prodiges de valeur, et il est le premier de ceux que, dans le mémorable bulletin de sa victoire, le roi signale pour leur belle conduite.

Longtemps encore on se battra après Ivry ; mais François de Bourbon, deuxième duc de Montpensier, ne doit pas voir le triomphe définitif d'Henri IV. Trente années de combats sans trève ont usé ses

forces avant l'âge : il meurt d'épuisement
et de fatigue, tombant en pleine lutte, à
Lisieux, à quelques pas de ces ennemis qui
ne l'ont jamais vaincu.

Il eut du moins à ses derniers moments
la consolation de penser que son épée pas-
sait en bonnes mains; il laissait un fils.

Henri de Bourbon, troisième duc de
Montpensier, n'a pas encore vingt ans; mais
il y a plus de six ans qu'il a endossé le har-
nais de guerre, marchant à l'ennemi, dans
les armées commandées par son père, avec
l'entrain d'une bouillante jeunesse et la mâle
assurance d'un vieux soldat. Sous le nom de
Prince de Dombes [1], qu'il a porté jusqu'ici,
il a déjà conquis la renommée; l'enfant va
grandir.

1. La seigneurie de Dombes, érigée plus tard en principauté, était entrée dans la Maison de Bourbon par la donation qu'en avait faite en 1400 Édouard de Beaujeu à
Louis, troisième duc de Bourbon. Elle faisait partie des
biens confisqués au Connétable et rendus ensuite aux
Montpensier.

Au moment de la mort de son père, il est en Bretagne où il commande pour le roi et où il pourchasse à outrance Philippe-Emmanuel de Lorraine, duc de Mercœur[1], qui combat bien plus pour son propre compte que dans l'intérêt de la Ligue. Il le défait en maintes rencontres et réduit à l'impuissance

---

1. La seigneurie de Mercœur, située en Auvergne, et érigée en duché par Charles IX, était un ancien fief des Bourbons et avait appartenu aux Montpensier de la première branche. Elle était entrée dans la Maison de Bourbon, à la même époque à peu près que la seigneurie de Dombes, par le mariage du troisième duc de Bourbon avec Anne, comtesse de Forez, dame de Mercœur, fille de Béraud II, comte de Clermont, dauphin d'Auvergne. Mercœur fut ensuite attribué à Louis Ier comte de Montpensier et arriva ainsi au Connétable. Quand François Ier rendit les biens de celui-ci à ses sœurs, il donna Mercœur à Renée qui avait épousé Antoine, duc de Lorraine, grand-père de Philippe-Emmanuel. — Mercœur devait revenir plus tard aux Bourbons. En effet, Françoise de Mercœur-Lorraine, fille de Philippe-Emmanuel, épousa César, duc de Vendôme, fils d'Henri IV et de Gabrielle d'Estrées. Le petit-fils de César de Vendôme et de Françoise de Mercœur, Louis-Joseph, duc de Vendôme, le vainqueur de Villaviciosa, étant mort sans postérité, Mercœur qui était resté à sa veuve, Marie-Anne de Bourbon-Condé, passa aux Conty par la sœur de celle-ci, Marie-Thérèse de Bourbon-Condé, qui avait épousé François-Louis de Bourbon, prince de Conty.

l'autorité insurrectionnelle qui s'est établie
à Nantes. Une fois pourtant, à Craon, il se
laisse battre, et peu s'en faut que cette
journée ne soit la dernière de sa vie.

Appelé au gouvernement de la Normandie, il se rapproche de la capitale et
aide puissamment Henri IV dans l'anéantis-
sement de la Ligue et dans l'expulsion des
armées espagnoles qui sont venues la secourir.

Il fête sa vingt-unième année sous le feu
de l'ennemi, au siège de Dreux ; et sa gé-
néreuse témérité lui vaut une belle et bonne
blessure qui le laisse pendant quelque temps
entre la vie et la mort et l'empêche d'assister, sur le parvis de Saint-Denis, à l'abju-
ration d'Henri IV. Combien il eût aimé pourtant à être le témoin de ce grand acte, et
combien il eût partagé l'émotion qu'éprou-
vèrent tous ces catholiques qui, royalistes
fidèles, avaient versé leur sang pour le roi

huguenot, lorsqu'ils virent le Prince s'age-
nouiller près de la tombe de saint Louis et
faire avec une noble simplicité cette profes-
sion de foi qui le réconciliait avec l'Église,
dont ses ancêtres avaient toujours été les
champions les plus valeureux.

Dès qu'il peut se tenir de nouveau sur son
cheval, le duc de Montpensier se remet en
campagne, et enlève Honfleur à la Ligue.
Puis il contribue à la prise de Cambrai, de
la Fère, de Calais. Il assiste au siège
d'Amiens : la ville est vaillamment défendue
par l'armée espagnole qui s'y est enfermée;
deux fois, les troupes de Philippe II s'avan-
cent pour la secourir et deux fois elles sont
mises en déroute. Le siège est long, diffi-
cile, meurtrier. Toujours Montpensier se
distingue et sa valeur n'a pas d'égale, « plan-
« tant par ses généreuses actions autant d'é-
« pouvante au cœur des ennemis, comme
« en celui des siens d'ardeur et d'émulation

« de bien faire à son exemple. » Au moment
le plus vif de cette série presque ininter-
rompue de furieux combats, il reste douze
jours et douze nuits sans désarmer : fils et
petit-fils de héros, il sait

> ..... Comment il faut s'endurcir à la peine,
> Dans le métier de Mars se rendre sans égal,
> Passer des jours entiers et des nuits à cheval,
> Reposer tout armé, forcer une muraille
> Et ne devoir qu'à soi le gain d'une bataille.

.... La ville fut prise et l'Espagnol demanda la paix. C'est la fin de la guerre.
Henri IV va pouvoir s'occuper uniquement
du bonheur de son peuple et porter toute
son activité et son génie à la restauration
de son royaume désormais pacifié.

Le duc de Montpensier jouit enfin d'un
glorieux repos que son père ni son grand-
père n'ont connu. Il vivra assez pour voir
les merveilleux bienfaits du grand règne ; et

il mourra assez tôt pour n'avoir pas à maudire l'assassinat du meilleur des rois. Sa blessure du siège de Dreux n'avait jamais été complètement guérie ; un jour elle se rouvrit : il succomba. Il était à peine dans sa trente-quatrième année.

En lui s'éteignait la seconde Maison de Montpensier : de son mariage avec Henriette-Catherine de Joyeuse[1], il n'avait eu qu'un enfant, et c'était une fille.

Marie de Bourbon-Montpensier était née deux ans seulement avant la mort de son

---

1. Trois ans après la mort du duc de Montpensier, Henriette de Joyeuse épousa Charles de Lorraine, duc de Guise. Elle fut la mère de Henri de Lorraine, cinquième et avant-dernier duc de Guise. Le duché de Guise passa peu après aux Condé par la femme de Henri-Jules, duc de Bourbon, cinquième prince de Condé. Cette princesse, née Anne-Henriette de Bavière, recueillit le duché de Guise dans la succession de Marie de Lorraine, appelée Mademoiselle de Guise, en la personne de qui la Maison de Guise s'éteignit. C'est ainsi que Monseigneur le duc d'Aumale, héritier des Condé, l'est en même temps du duché de Guise.

père. Elle manifesta dès sa jeunesse les plus charmantes qualités et les plus aimables vertus. Vivant beaucoup à la cour, elle fut prise en affection par la jeune reine Anne d'Autriche. Peut-être est-ce sous son influence qu'elle consentit à épouser Gaston, duc d'Anjou, frère de Louis XIII, apanagé du duché d'Orléans à cette occasion. Le mariage fut célébré à Nantes et béni par le cardinal de Richelieu. Gaston d'Orléans ne manquait ni d'esprit ni de sérieuses qualités ; et si l'on a le droit d'être sévère pour le prince qui fit partie de presque toutes les cabales organisées contre le roi et son ministre, on ne doit pas oublier qu'il fut vaillant contre les ennemis de la France. La politique ne fut pas étrangère à ce mariage. Le cardinal de Richelieu, en mettant toute son ardeur à le conclure, semblait espérer que la princesse captiverait un homme un peu frivole, sans caractère, facilement accessible à de pernicieux conseils ; et l'on peut croire en effet que si Marie de Montpensier, duchesse d'Orléans, eût vécu, Gaston eût mieux employé une partie de sa vie. Malheureusement, elle mourut peu de temps après son mariage, en mettant au monde une fille.

Cette fille, qui entrait si tristement dans la vie, devait s'appeler Mademoiselle de Montpensier.

Peu d'existences offrent plus de contrastes que la sienne.

Au moment où elle sort de l'adolescence, Anne-Marie-Louise d'Orléans chevauche à la tête d'une armée rebelle, enlève une ville au roi, fait canonner ses troupes ; et, après ces débuts tumultueux, elle finira ses jours dans ce calme majestueux qui revêt les contemporains du grand roi d'une incomparable sérénité.

Née sur les marches du premier trône de

l'univers, et ayant à un haut degré le sentiment de la grandeur de sa race, — héritière, dès sa naissance, des immenses domaines de la Maison de Montpensier, —
délicieusement belle, avec sa taille svelte et
élégante, ses longs cheveux blonds, son
teint d'albâtre, ses grands yeux bleus, son
nez aquilin, — elle pouvait justement rêver
les plus illustres alliances : elle pensa épouser Louis XIV, Philippe d'Orléans, le grand
Condé, le roi d'Espagne, l'empereur, le roi
d'Angleterre, le duc de Lorraine, le duc de
Savoie... et « elle finit par tomber dans les
bras du cadet Lauzun [1], » Lauzun qui
était indigne d'elle, incapable de comprendre
quel sacrifice le cœur de la femme faisait
pour lui à l'orgueil de la princesse.

Elle était d'une exquise bonté, d'une cha-
rité inépuisable, pieuse, douce, mais sachant

1. Le duc D'AUMALE, *Histoire des princes de Condé*,
t. V.

à l'occasion montrer une ferme énergie, fort spirituelle avec cela et peut-être un peu naïve ; et cependant il ne paraît pas qu'ayant tout ce qu'il faut pour séduire, elle ait ins-piré autour d'elle de ces dévouements pas-sionnés comme parfois des natures moins bien douées ont le don d'en faire naître.

Pour bien connaître toute la vie de Ma-demoiselle de Montpensier, il suffit de lire ses mémoires. Parmi tous les documents de ce genre que le dix-septième siècle nous a légués, il n'en est pas de plus intéressant.

A la suite de son équipée de la Fronde, Mademoiselle [1] passa six années en exil dans

1. Anne-Marie-Louise d'Orléans, petite-fille de France, est appelée *Mademoiselle* jusqu'à la naissance de Marie-Louise d'Orléans, fille première née de Philippe d'Orléans, frère de Louis XIV, à laquelle ce titre est dévolu. A partir de ce moment, elle porte officiellement le nom de *Made-moiselle d'Orléans* ; mais on continue à la cour à l'appeler *Mademoiselle*, et pour la distinguer des filles de Philippe d'Orléans qui portent successivement ce nom, on la dé-signe par celui de la *Grande Mademoiselle*. Dans les dernières années de sa vie on l'appela Mademoiselle de Montpensier.

sa terre de Saint-Fargeau. Elle ne pouvait
songer à se réfugier en son duché de Montpensier : le château n'existait plus ; le cardinal de Richelieu l'avait fait démolir quelques années auparavant, ne trouvant probablement meilleur moyen d'enlever un asile
solidement fortifié à Gaston d'Orléans qui
en avait l'usufruit pendant la minorité de
sa fille. Réconciliée enfin avec la Cour,
Mademoiselle ne cessa dès lors d'entretenir
avec elle les meilleures relations : assistant
à toutes les fêtes et à toutes les pompes
royales, prenant part à tous les événements
de famille, tenant dignement son rang de
princesse du sang, très liée avec Louis XIV
qui lui rendait estime et affection. Elle par-
tageait son temps entre Paris, où elle habi-
tait le Luxembourg, qu'on appelait alors le
palais d'Orléans, et le château d'Eu [1], qu'elle

---

1. Mademoiselle de Montpensier donna le comté d'Eu,
— en y joignant la principauté de Dombes, — au duc du

avait acheté au duc de Guise, où elle aimait
à faire de longs séjours, et dont elle embellit
les constructions et les jardins. Elle consa-
cra à la piété les dernières années de sa vie,
et mourut à l'âge de soixante-six ans.

Elle avait institué pour légataire universel
son cousin germain, Philippe de France,
duc d'Orléans, frère de Louis XIV[1].

Le duché de Montpensier entrait ainsi
dans la Maison d'Orléans.

Maine. Le comté d'Eu passa ensuite par héritage dans la
Maison de Penthièvre, d'où Louise-Marie-Adélaïde de
Bourbon, fille et unique héritière de Louis-Jean-Marie de
Bourbon, duc de Penthièvre, le porta dans la Maison
d'Orléans par son mariage avec Louis-Philippe-Joseph,
cinquième duc d'Orléans. — C'est aussi par cette princesse que la Maison d'Orléans est devenue propriétaire du
duché de Châteauvilain. Ce duché appartenait aux Penthièvre ; il est aujourd'hui à Monseigneur le prince de
Joinville.

1. Outre la presque totalité des biens héréditaires des
Montpensier, Mademoiselle laissait à son cousin quelques
domaines qu'elle avait personnellement recueillis, notam-
ment la principauté de Joinville, ancienne possession de
la maison de Lorraine, que Mademoiselle de Guise lui
avait donnée.

Pendant quatre générations, — le fait est digne de remarque, — la Maison d'Orléans n'eut à chacune d'elles qu'un prince atteignant l'âge d'homme. Les princesses, au contraire, furent nombreuses. L'une d'elles, Louise-Élisabeth, cinquième fille de Philippe[1], deuxième duc d'Orléans, régent de France pendant la minorité de Louis XV, fut appelée Mademoiselle de Montpensier. Plus heureuse que la Grande Mademoiselle, elle ceignit une couronne royale, mais elle n'eut pas comme elle l'honneur de donner à ce nom un nouvel éclat.

1. Les autres filles du Régent furent : Marie-Louise-Élisabeth, duchesse de Berry ; Charlotte-Aglaé, duchesse de Modène ; Louise-Diane, princesse de Conty ; Louise-Adélaïde, abbesse de Chelles ; Philippe-Élisabeth, morte à vingt ans, après avoir été fiancée à l'infant Don Carlos. — Le Régent avait pour sœurs : Marie-Louise, reine d'Espagne, femme de Charles II, dernier roi espagnol de la Maison d'Autriche ; Anne-Marie, femme de Victor-Amédée, duc de Savoie, premier roi de Sardaigne ; Élisabeth-Charlotte, duchesse de Lorraine. Cette duchesse de Lorraine fut la mère de François, dernier duc de Lorraine, empereur d'Allemagne, mari de l'impératrice Marie-Thérèse, chef de la Maison impériale de Habsbourg-Lorraine.

Mademoiselle de Montpensier n'avait que onze ans, lorsque le roi d'Espagne, Philippe V, revenant enfin à cette politique d'union que Louis XIV lui avait tant recommandé de suivre, demanda sa main pour son fils Don Louis, prince des Asturies, en même temps qu'il offrait celle de sa fille, l'Infante Victoire[1], pour le jeune Louis XV. Le Régent accueillit avec grande joie cette double proposition : elle secondait trop bien les desseins de la politique française, en même temps qu'elle satisfaisait son orgueil paternel.

Les deux princesses partirent, l'une de Paris, l'autre de Madrid, pour se rencontrer sur la Bidassoa, dans cette île fameuse des faisans, qui, depuis l'échange d'Élisa-

1. Après la mort du Régent, l'infante Victoire fut renvoyée en Espagne. Elle n'avait alors que sept ans. Elle épousa dans la suite Joseph-Emmanuel de Bragance qui fut roi de Portugal sous le nom de Joseph Ier.

beth de France et d'Anne d'Autriche [1], n'était plus à s'étonner d'un pareil spectacle. Mademoiselle de Montpensier était accompagnée par le prince de Rohan ; elle mit plus de six semaines pour aller de Paris à la frontière, reçue partout avec les honneurs dus à une future souveraine. Saint-Simon a consigné dans ses Mémoires les détails de l'accueil qu'elle trouva en Espagne et des cérémonies de son mariage ; il avait été envoyé par le Régent en ambassade extraordinaire à Madrid, pour faire la demande officielle de la main de l'Infante et assister à la célébration de l'union de Mademoiselle avec l'Infant. Le noble duc s'acquitta de sa solennelle mission avec une parfaite dignité ; et il la raconte complaisamment en de curieux chapitres de ses souvenirs où il n'a

1. Élisabeth de France, fille d'Henri IV, accordée à l'Infant Don Philippe, qui fut le roi Philippe IV. — Anne d'Autriche, sœur de ce dernier, fille de Philippe III, accordée à Louis XIII.

garde d'omettre que Philippe V lui accorda
la Grandesse pour lui-même et la Toison
d'Or pour son fils aîné.

Deux ans après le mariage du Prince des
Asturies, Philippe V abdiqua, poussé par
les scrupules d'une âme dans laquelle une
véritable grandeur s'alliait à la plus étrange
pusillanimité. La Princesse des Asturies devenait reine ; mais son règne fut de courte
durée. En effet, comme si Dieu eût voulu
clairement manifester à Philippe V que,
pour un roi, le premier devoir est de ré-
gner, ce prince vit, dans l'année même de
son abdication, mourir son successeur
Louis Ier, et il dut reprendre la couronne,
en attendant que son second fils fût en état
de la porter.

Louise-Élisabeth d'Orléans, reine douairière d'Espagne, n'avait que quinze ans.
Elle rentra en France et mourut dix-sept
ans plus tard, au palais du Luxembourg.

Elle fut inhumée dans l'église Saint-Sulpice [1].

Le nom de Montpensier ne devait revivre
qu'avec l'un de ses petits-neveux : il fut
donné au second fils de Louis-Philippe-Joseph, cinquième duc d'Orléans [2].

Antoine-Philippe d'Orléans, quatrième
duc de Montpensier, naquit en 1775 et fut
tenu sur les fonts du baptême par Louis XVI
et Marie-Antoinette. Dès son enfance, il
montra du goût pour les arts, et les princes
d'Orléans conservent aujourd'hui, avec le
pieux respect qui s'attache à l'infortune,

1. C'est dans le sous-sol de l'église Saint-Sulpice, à
peu près sous le maître-autel et un peu vers la droite,
qu'a été déposé le cercueil de la reine d'Espagne. La
place en est simplement indiquée par ces mots peints en
noir sur le mur grossièrement blanchi : « Sépulture de
la reine d'Espagne, juin 1712. » — La grande Mademoiselle avait été, ainsi que sa mère, inhumée à Saint-Denis.

2. Louis-Philippe Joseph d'Orléans avait épousé Louise-
Marie-Adélaïde de Bourbon-Penthièvre. Il en eut trois
fils et une fille. La fille fut la Princesse Eugène-Adélaïde-
Louise d'Orléans, née en 1777, appelée successivement
Mademoiselle de Chartres, Mademoiselle d'Orléans, et,
depuis 1830, Madame Adélaïde; morte le 31 décembre 1847.

plusieurs tableaux qu'il peignit pendant les
dernières années de sa courte existence et
qui dénotent un véritable talent. Il avait
l'esprit cultivé et le cœur délicat. Aux heures
terribles de la Révolution, quand la plupart
des braves gens étaient aux armées, en prison ou en exil, il fut tour à tour soldat,
captif, proscrit, et son courage fut aussi
grand dans la plus cruelle adversité que
brillante avait été sa valeur sur les champs
de bataille.

Lieutenant au 14° régiment de dragons,
que commande son frère aîné, le duc de
Chartres[1], il assiste à la journée de Valmy,
et il s'y comporte de telle manière que,
dans son rapport officiel, le vieux Keller-

1. Louis-Philippe, fils aîné de Louis-Philippe-Joseph,
avait été, suivant les traditions de la famille d'Orléans,
titré duc de Chartres, durant la vie de son père ; il était
destiné à devenir roi des Français. Le duché de Chartres
avait été donné en apanage à Philippe de France, frère
de Louis XIV, déjà apanagé du duché d'Orléans. On sait
que les apanages furent abolis par une loi de 1791.

mann peut écrire : « Embarrassé du choix,
« je ne citerai, parmi ceux qui ont montré
« un grand courage, que M. de Chartres et
« son aide de camp, M. de Montpensier,
« dont l'extrême jeunesse rend le sang-froid,
« à l'un des feux les plus soutenus que
« l'on puisse voir, extrêmement remar-
« quable. »

Jemmapes fut la seconde bataille où le
duc de Montpensier donna des marques de
sa bravoure, et la dernière à laquelle il as-
sista. Arrêté peu de temps après, par ordre
du Comité de Salut public, il fut conduit à
Marseille et enfermé dans un abominable
cachot. Sa captivité dura près de quatre ans;
les tourments en furent atroces. Il l'a ra-
contée lui-même en des pages qu'on ne peut
lire sans être profondément ému et sans
admirer la force morale de ce prince de dix-
huit ans, toujours maître de lui, dominant
l'adversité, témoignant qu'il était digne de

la meilleure fortune par l'accueil qu'il faisait
à la mauvaise.

Enfin, après plus de quarante-trois mois
de séjour dans les prisons du fort Saint-Jean,
et, après une tentative d'évasion dont le
succès n'avait pas couronné l'audace, le duc
de Montpensier fut remis en liberté. Il dut
partir aussitôt pour les États-Unis où l'at-
tendait son frère aîné [1], Louis-Philippe, devenu duc d'Orléans par la mort de leur
père. Les princes vécurent pendant plus de
deux années, parcourant l'Amérique, visitant
des régions encore peu connues, séparés de
tous leurs parents, loin de l'Europe dont le

1. Montpensier avait un autre frère plus jeune que lui
de quatre ans : Louis-Charles, comte de Beaujolais, né à
Paris en 1779, partagea la captivité de son frère, mourut
à Malte en 1808. — La seigneurie de Beaujolais était entrée dans la Maison de Bourbon par Louis II, troisième
duc de Bourbon, comme la principauté de Dombes ; elle
fut comprise dans le legs que la Grande Mademoiselle fit
à Philippe d'Orléans. — S. A. R. Madame la Princesse
de Saxe Cobourg Gotha a porté le nom de Mademoiselle
de Beaujolais, depuis sa naissance jusqu'à 1830, époque
à laquelle on l'appela : la princesse Clémentine.

séjour leur était interdit, trouvant du moins de généreuses sympathies dans la jeune république, accueillis en princes français par les vieux et fidèles Canadiens. En 1800, ils purent gagner l'Angleterre et s'établirent à Twickenham. C'est là, dans une retraite dont les arts charmèrent tous les instants, que le duc de Montpensier devait mourir; il portait en y arrivant le germe d'une maladie de poitrine que les souffrances des geôles de la république avaient contribué à faire éclore. Il s'éteignit doucement en 1807 et fut inhumé à Westminster.

Il n'avait pas été marié; son second frère, le comte de Beaujolais, le suivit de près dans la tombe : le duc d'Orléans, Louis-Philippe, resta le seul représentant de sa Maison.

De nouveau le titre ducal de Montpensier devenait vacant; mais cette fois il ne fut pas longtemps en déshérence : le 1er août 1824,

le *Moniteur* annonçait que la veille S. A. R.
Madame la duchesse d'Orléans était accou-
chée d'un fils qui, d'après les ordres du Roi,
porterait le titre de duc de Montpensier.

Antoine-Marie-Philippe-Louis d'Orléans,
cinquième duc de Montpensier, fut le fils
dernier né de Louis-Philippe et de sa femme
la princesse de Naples, Marie-Amélie-Thé-
rèse de Bourbon.

A vingt ans, il était blessé au service de
France, sur cette terre d'Afrique où, comme
ses frères, il avait voulu faire son métier
héréditaire de soldat. Son nom commençait
à devenir célèbre ; il est resté attaché à l'un
des événements les plus considérables du
règne de Louis-Philippe : les mariages es-
pagnols.

La loi successorale que Philippe V avait
établie, en prenant possession du trône
d'Isabelle la Catholique, venait d'être
abrogée ; les anciennes coutumes qui n'ex-

cluaient pas les femmes de la Couronne
étaient rétablies. S. M. Isabelle II occupait
le trône, et le moment de son mariage ap-
prochait. Le choix de l'époux de la reine
d'Espagne importait au plus haut point à la
France, car il pouvait lui faire perdre tous
les fruits de la politique si prévoyante et si
patriotique de Louis XIV. C'est l'honneur
de Louis-Philippe, secondé par M. Guizot,
d'avoir, par son attitude aussi ferme que
modérée, habile autant que loyale, déjoué
les intrigues anglaises et apaisé les mé-
fiances de la plupart des souverains ; et ce
fut une heureuse journée pour la grandeur
française que celle qui vit, au palais royal
de Madrid, le double mariage de la reine
d'Espagne avec un prince de la Maison de
Bourbon [1] et du duc de Montpensier avec la

1. Don François d'Assise-Marie-Ferdinand de Bourbon,
infant d'Espagne, né en 1821, proclamé roi le jour de
son mariage, petit-fils du roi Charles IV.

sœur de la Reine, la Très Gracieuse Infante
Dona Marie-Louise-Ferdinande de Bourbon.

Au lendemain de la révolution de février,
le duc et la duchesse de Montpensier s'établirent en Espagne, habitant, soit à Séville,
le palais de San Telmo, que le Prince res-
taura avec un très vif sentiment de l'art,
soit le château de San Lucar, situé à l'em-
bouchure du Guadalquivir.

Bien des Français connaissent ces deux
résidences où le Prince savait si bien ac-
cueillir ses hôtes, — surtout quand ils ve-
naient de France, — et dont S. A. R. Madame la duchesse de Montpensier l'aidait à
faire les honneurs avec une si avenante
simplicité et une grâce que n'ont jamais pu
altérer les chagrins qui ont si souvent brisé
son cœur de mère.

Le duc de Montpensier consacrait à la
vie de famille, à l'éducation de ses enfants
et à l'étude une existence condamnée au

repos. Très instruit, il avait toujours la conversation intéressante ; naturellement aimable, d'un caractère enjoué, d'un commerce agréable, il avait l'abord facile : il fut populaire et mérita d'être appelé le *Roi de Séville*. Vivant simplement, il aimait parfois à faire grand état de prince, et l'on se souvient de la magnificence qu'il déploya au couronnement du Tzar où le roi d'Espagne, Alphonse XII, lui avait donné mission de le représenter.

Il rentra en France en 1871 et y fit un assez long séjour. Il revit son duché et passa quelque temps au château de Randan[1], qui a dû à son voisinage avec la forêt de Montpensier, d'être choisi pour remplacer l'ancien château démoli par le cardinal de Richelieu.

Après l'amertume de l'exil, d'autres et

1. Voir à la fin du volume une notice sur le château de Randan.

plus cruelles peines ne lui furent pas épar-
gnées : il vit mourir sept de ses enfants, et
la perte qui dut lui être la plus sensible
fut celle de la Reine Mercedès, foudroyée
au printemps de la vie, au seuil même du
bonheur, et dont la mort eut partout, il y
a douze ans, un si douloureux retentisse-
ment.

Le Prince a succombé le 4 février 1890,
emporté par une attaque pendant une pro-
menade qu'il faisait aux environs de San
Lucar.

Deux seulement de ses enfants lui sur-
vivent : un fils, l'Infant Don Antonio, qui
sert dans l'armée espagnole, et une fille :
Madame la comtesse de Paris.

Dans le partage de sa succession, le duché de Montpensier avec Randan a été dévolu à Madame la comtesse de Paris. Le
titre ducal, qui rappelle de si beaux souvenirs dans nos annales, est aussi resté en

France : il a été attribué au prince François-Ferdinand, second fils de Monseigneur
le comte de Paris.

François-Ferdinand de France, sixième
duc de Montpensier, grandit sur la terre
étrangère, victime, presque au lendemain
de sa naissance, de la loi de proscription
qui a frappé les siens. Il n'est encore qu'un
enfant.

Les *gentils princes des fleurs de Lys* sont
en exil ; et pendant ce temps *il y a grand pi-
tié au plaisant pays de France.* C'est que
les destinées de la Patrie et celles de sa
Maison Royale sont tellement communes,
que les malheurs qui atteignent l'une frap-
pent l'autre du même coup, et que les
beaux jours qui se lèvent pour celle-ci bril-
lent en même temps pour celle-là. Dans un
vieux pays monarchique, comme le nôtre,
l'intérêt dynastique et l'intérêt national se
confondent toujours : c'est une loi de la

Providence, les passions humaines sont impuissantes à la détruire ; les siècles l'ont établie et les révolutions qui, depuis cent années, se succèdent, lui donnent la plus éclatante consécration.

Que Dieu daigne accorder au duc de Montpensier longue et heureuse vie, pour l'honneur de la France, pour sa prospérité rétablie, pour sa grandeur reconquise ; et puisse la postérité dire de lui ce que nous disons des princes qui ont illustré son nom : il fut le serviteur passionné de son pays, digne de son Père et de ses aïeux.

NOTICE

SUR

LE CHATEAU DE RANDAN [1]

———

Aucun lien ne rattache dans le passé Randan à Montpensier.

Le château de Randan s'élève sur l'emplacement d'un monastère de l'Ordre de Saint-Benoît, fondé au septième siècle. Le nom de

———

1. Voir page 76.

Randan figure dès cette époque dans les chro-
niques; mais ce n'est qu'au treizième siècle
qu'il apparaît comme nom de famille : vers
1200, on voit un Baudouin de Randan mêlé
aux événements de ce temps-là. C'était le
moment où Philippe-Auguste réunissait à l
Couronne presque toute l'Auvergne. De même
que Montpensier, Randan était compris dans
la partie réunie et suivit dès lors la fortune
du duché d'Auvergne.

En 1290, Jeanne de Randan, dernière du
nom, porte la seigneurie et le château dans la
famille du Château de Saligny, par son mariage avec Hugues du Château.

En 1378, Catherine de Château-Randan-Sa-
ligny, héritière de Randan, épouse Pierre-
Armand de Chalençon, vicomte de Polignac.
Ce vicomte de Polignac était le fils de Guillaume de Chalençon et de Valpurge de Polignac. Valpurge de Polignac était la dernière
représentante de sa famille. Elle avait eu deux
frères : l'aîné avait substitué à la vicomté de
Polignac Pierre de Chalençon; le puîné avait
au contraire appelé à la vicomté son petit-fils

Armand de Montlaur. Cette double substitution donna lieu à un long procès entre les Chalençon et les Montlaur devant le Parlement de Paris. Enfin en 1464, un arrêt donna gain de cause aux Chalençon qui furent reconnus seuls ayant droit aux nom et armes des Polignac qu'en fait ils n'avaient jamais cessé de porter depuis la substitution faite en leur faveur. La famille de Polignac était l'une des plus illustres et des plus riches de l'Auvergne. Au milieu de tous ses titres, celui de châtelain de Randan était modeste; aussi pendant tout le temps que cette seigneurie resta sa propriété, le nom de Randan figure peu dans les fastes historiques.

En 1518, Anne de Polignac, héritière de Randan, — celle que la légende veut avoir été aimée de Bayard, — étant veuve de Charles de Sancerre, tué à Marignan, épouse François de Larochefoucault. François de Larochefoucault, chef de sa maison, était le fils de cet autre François de Larochefoucault qui avait tenu sur les fonts du baptême le comte d'Angoulême qui devait être François Ier.

Randan échut à Charles, fils puîné d'Anne de Polignac et de François de Larochefoucault.

Charles de Larochefoucault, seigneur de Randan, fut l'un des héros du siège de Metz, représenta le roi de France à la Cour d'Angleterre, se fit tuer sous les murs de Rouen en 1562. Il avait épousé Fulvie Pic de la Mirandole. Successivement dame d'honneur des reines Catherine de Médicis et Louise de Lorraine, Fulvie de Larochefoucault obtint en 1566 l'érection de la terre de Randan en comté. C'est elle qui commença la construction du château actuel.

Son fils, Jean-Louis de Larochefoucault, premier comte de Randan, fut investi du gouvernement de l'Auvergne. Il fut le chef de la Ligue dans cette province, puissamment secondé par son frère, alors évêque de Clermont et plus tard évêque de Senlis, grand aumônier de France, abbé de Sainte-Geneviève. Le comte de Randan fut tué au combat de Cros-Rolland, le 14 mars 1590; (c'était le jour de la bataille d'Ivry).

De son mariage avec sa cousine, Isabelle de Larochefoucault, il n'avait eu qu'une fille, Marie-Catherine, qui épousa le marquis de Senecey, de la Maison de Beaufremont. Le marquis de Senecey mourut en 1622 d'une blessure reçue au siège de Royan. La marquise était dame d'honneur d'Anne d'Autriche. « Lors, — dit Saint-Simon, — de ce grand va- « carme, qui fit tant de bruit dans le monde, « du commerce et des intelligences de la Reine « avec l'Espagne, madame de Senecey fut ren- « voyée chez elle à Randan, en Auvergne. » Rappelée par la Reine à la mort de Louis XIII, elle devint gouvernante de Louis XIV. En 1661, le comté de Randan fut érigé en duché en sa faveur et en faveur de sa fille et de ses descendants. Elle mourut en 1667, après avoir achevé les travaux de reconstruction du château commencés par sa grand'mère.

La marquise de Senecey avait eu deux fils morts avant mariage, et une fille qui avait épousé, en 1637, Gaston de Foix.

Gaston de Foix avait été tué à l'ennemi en 1641. Le duché de Randan passa successivement à ses deux fils, morts tous deux sans postérité, l'un en 1665, l'autre en 1714. En eux s'éteignit l'une des plus glorieuses familles de la France, en même temps que le duché de Randan, qui, aux termes mêmes des lettres d'érection, reprit le titre de comté que Louis XIV lui avait expressément conservé.

L'héritier du dernier duc de Randan fut Antoine Nompart de Caumont, duc de Lauzun. Lauzun, âgé de quatre-vingts ans, époux d'une femme qui avait quarante-six ans de moins que lui, Lauzun comte de Randan et le plus proche voisin de Montpensier! la Grande Mademoiselle était morte vingt ans trop tôt.

Lauzun mourut en 1725, sans enfants. Sa veuve, Marie de Durfort, fille du maréchal de Lorges, eut Randan dans ses reprises. Elle en fit donation, sous réserve d'usufruit, à son neveu Guy Michel de Durfort, et habita le château à peu près constamment jusqu'à sa mort, en 1740.

Guy Michel de Durfort devint maréchal de France ; il est plus connu sous le nom de maréchal de Randan. A sa mort, en 1773, le duché de Lorges et le comté de Randan échurent à son frère Louis de Durfort qui laissa deux filles : l'une devint la vicomtesse puis duchesse de Choiseul, l'autre la comtesse de Durfort-Civrac. Randan fut, dans le partage de famille, attribué à la première.

Survint la Révolution. Le château ne dut son salut qu'à l'épaisseur de ses murailles et à la difficulté de les démolir. Mais ses archives furent brûlées; les tombeaux des anciens comtes furent violés ; la chapelle fut rasée et une rente de trois cents francs, consacrée à dire des messes, fut donnée à l'hospice d'Aigueperse. Le duc de Choiseul rentra en possession de Randan après la tempête, et c'est à lui qu'en 1821 l'acheta Madame Adélaïde, alors appelée Mademoiselle d'Orléans. Les grands travaux entrepris à cette époque ont fait de Randan une des plus belles demeures de France. Devenant ainsi la résidence du duché de Montpensier, le château fut ensuite attribué au prince investi du titre ducal.

Sur une colline que l'on aperçoit de Randan,

et qu'on appelle dans le pays *la bulle de Montpensier*, quelques pans de muraille indiquent encore la place de l'antique demeure des premiers seigneurs et des princes qui portèrent ce nom.

Achevé d'imprimer

Le 10 Mai mil huit cent quatre-vingt onze

PAR

Alphonse LE ROY

Imprimeur breveté

A RENNES

PETITE BIBLIOTHÈQUE
HISTORIQUE ET LITTÉRAIRE

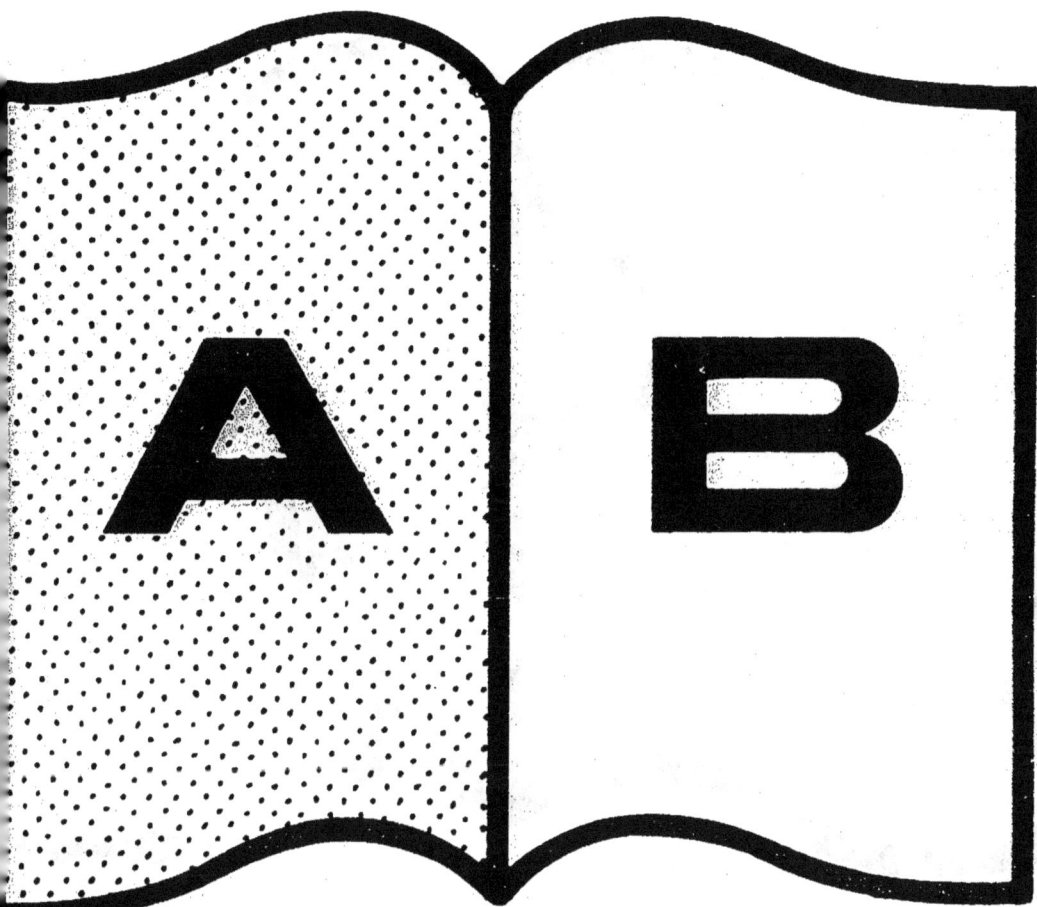

Contraste insuffisant

NF Z 43-120-14

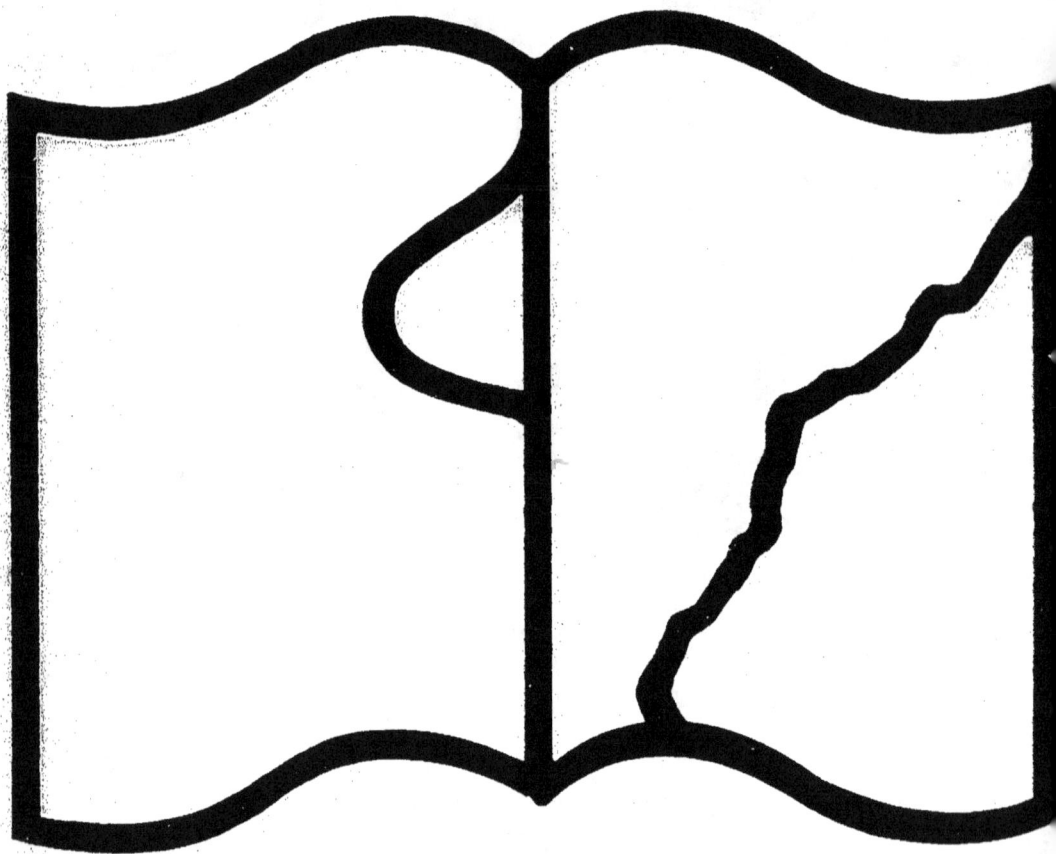

Texte détérioré — reliure défectueuse

NF Z 43-120-11

www.ingramcontent.com/pod-product-compliance
Lightning Source LLC
Chambersburg PA
CBHW052057270326
41931CB00012B/2786